5. Auflage

Erstauflage 2007
Illustrationen: Conny Wolf
Texte: Kurt Hörtenhuber
ISBN 978-3-900244-40-8

© Copyright by
Verlag OUPS GmbH & Co KG
A-4910 Ried im Innkreis, Austria
Volksfeststraße 16/EG
www.oups.com

OUPS©

Sonnenstrahlen für unser Herz

Trägst du die Sonne in deinem Herzen,
wird sie nicht nur für dich scheinen.

Einleitung

Im 9. Band der Buchserie Oups verrät der kleine
außerirdische Herzensbotschafter auf liebevolle Weise,
wie man Sonnenstrahlen einfangen kann …
… Sonnenstrahlen für unser Herz.

Ist Ihnen Oups bereits begegnet?

*Oups lebt auf einem fernen Stern, dem „Planet des Herzen",
auf dem das größte Gut die Liebe ist.
Streit, Neid oder Missgunst kennt man dort oben nicht.*

*Weil Oups wissen wollte, warum die Menschen ganz anders
leben, sich viele das Leben so schwer machen, streiten und
sogar Kriege führen, beschloss er zur Erde zu fliegen
und zwei Geschenke zu überbringen: die Liebe und die Freude …*

*So wurden die Menschen zu Freunden, die er immer wieder
gerne besuchte. So wie in dieser Geschichte …*

Viel Freude mit Oups!

Conny Wolf und Kurt Hörtenhuber

Wieder einmal war Oups zu Besuch bei seinen Freunden auf der Erde ...

Es war ein trüber Samstagmorgen. Die Wolken hingen tief am Himmel. Von der Sonne keine Spur. Irgendwie fühlte sich Marc genauso wie das Wetter an diesem Tag war: einfach mies. Er hatte überhaupt keine Lust irgend etwas zu unternehmen. So holte er die Zeitung, die ihm jeden Tag in seinen Briefkasten gelegt wurde und verzog sich damit wieder ins Bett. Das Durchblättern der Nachrichten stimmte ihn auch nicht gerade fröhlich. Kein Wunder, bei diesen Schlagzeilen. Sie machten ihn noch freudloser. So vertrödelte er den ganzen Vormittag planlos im Bett.

Zur Mittagszeit lichtete sich der Himmel und schon kurze Zeit später blinzelte die Sonne durchs Fenster. Doch auch das schöne Wetter konnte Marc nicht dazu bewegen aufzustehen. Ganz im Gegenteil, er verkroch sich unter der Bettdecke.

Wer sich in der Dunkelheit versteckt, findet nie ans Licht!

Erst als am späten Nachmittag das Telefon läutete, kroch er aus dem Bett. Es war Oups, der anrief. Die beiden waren schon länger gute Freunde.

„Hallo Marc, wie geht´s dir? Hast du Lust mit mir etwas zu unternehmen?"

„Hmm … ich weiß nicht …", antwortete Marc lustlos.

Oups merkte sofort, dass Marc an diesem Tag nicht gerade gut gelaunt war. „Du bist wohl nicht gut drauf heute?"

Als Antwort vernahm er nur ein kurzes „Ach geht so…".

„Ich könnte mir vorstellen, dass es dir gut täte mich ein bisschen ins Grüne zu begleiten. Ein wenig Bewegung und die frische Luft werden dich wieder aufbauen. Draußen scheint die Sonne, wir könnten ein paar Sonnenstrahlen einfangen."

„Sonnenstrahlen einfangen … was soll das denn?!", fragte sich Marc in Gedanken etwas genervt, stimmte aber zu.
„Also gut. Dann gehen wir halt ein Stück. Holst du mich ab?"

„Ja, in einer halben Stunde bin ich bei dir! Aber lass, wenn´s geht, dein Trübsal zuhause", neckte ihn Oups mit einem Schmunzeln.

„Ja, ja… schon in Ordnung … tschüss", antwortete Marc, legte den Hörer auf und machte sich auf den Weg zum Kleiderschrank.

Pünktlich nach einer halben Stunde läutete Oups an der Tür.

Etwas verlegen bemühte sich Marc das freundliche Lächeln von Oups zu erwidern.

„Na siehst du, geht doch", sagte Oups, nachdem er Marc begrüßt hatte. „Du strahlst ja fast wieder wie die Sonne."

„Haha, witzig", brummte Marc, blickte wieder ernst und tat so, als wäre er beleidigt. Die beiden hatten schon immer Spaß daran, sich gegenseitig ein bisschen auf den Arm zu nehmen, waren jedoch immer darauf bedacht, den anderen damit nicht zu verletzen.

Gute Freunde lachen mit dir, nicht über dich.

Da es ein kleiner Ort war, in dem Marc wohnte, gelangten die beiden schon nach kurzer Zeit an den Ortsrand. Danach führte sie der Weg entlang einer Weide. Während Oups sich über den Anblick der friedvoll nebeneinander grasenden Kühe freute, wirkte Marc immer noch etwas bedrückt.

„He, was ist heute wirklich los mit dir? Wenn du weiter so finster dreinschaust, laufen die Kühe davon, weil sie sich vor dir fürchten", sagte Oups und musste laut lachen, worauf die Kühe etwas verdutzt aufblickten. Das brachte schließlich auch Marc so richtig zum Lachen.

„Siehst du, es geht doch", lobte ihn Oups. „Du hast das Lachen also doch nicht verlernt."

„Keine Angst, das verlerne ich nicht", beruhigte Marc seinen Freund. „Doch manchmal gibt es eben so Tage, da bin ich irgendwie frustriert und weiß nicht warum. Eigentlich habe ich ja nicht wirklich einen Grund dafür. Das kennst du wohl nicht, oder? Du scheinst immer gut gelaunt zu sein, wenn ich dich treffe."

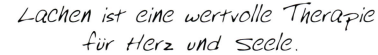

Lachen ist eine wertvolle Therapie für Herz und Seele.

Oups schüttelte den Kopf. „Es gibt kein Wesen dieser Welt, für das immer nur die Sonne scheint. Auch nicht für mich. Glaub mir, ich kenne solche Tage. Es ist nur entscheidend, wie wir den trüben Tagen in unserem Leben begegnen und was wir daraus machen. Wenn ich mich nicht wohl fühle, gehe ich meistens in die Natur. Sie verhilft mir die Lebensfreude in mir aufs Neue zu entdecken. Am meisten ziehen mich Bäume an, so wie dieser dort drüben. Zu dem bin ich schon oft spaziert, wenn ich hier in der Gegend war. Von ihm habe ich viel gelernt. Er hat mir verraten, was man tun kann, um schwere Zeiten besser zu überstehen."

„Der Baum hat dir etwas verraten? Kannst du denn mit Bäumen sprechen?", fragte Marc verwundert.

„Ja, mit allen Wesen", antwortete Oups. „Das habt ihr Menschen früher auch gekonnt. Manche von euch können es sogar heute noch."

„Wirklich?", fragte Marc ungläubig.
„Und was hat er dir erzählt?"

Wer die Natur mit offenen Augen betrachtet, kann viele Wunder entdecken.

„Nun, es war an einem Tag, an dem ich einfach nicht gut drauf war. So wie du heute. Und wie bei dir, gab es eigentlich auch bei mir keinen Grund für die schlechte Laune.
So bin ich zu diesem Baum spaziert. Er hat meine trübe Stimmung sofort gespürt und mir Mut gemacht.

'Weißt du, mein Freund', hat er gesagt, 'ich stehe schon Jahrzehnte hier. Und so wie für dich nicht immer die Sonne scheint, tut sie das auch für mich nicht. Ich muss oft schlimme Stürme überstehen, bei denen meine Äste zittern, ja sogar mein Stamm zu beben beginnt. Jedes Jahr im Herbst verliere ich all meine Blätter und friere im Winter. Doch mein tiefer Glaube wärmt mich in meinem Inneren und gibt mir Kraft. Mein Glaube ermutigt mich stets daran zu denken, dass jedem Winter, und ist er noch so bitterkalt, ein wunderbarer Frühling folgt. Ein Frühling, der mich mit all seiner Pracht tausendfach dafür belohnt, dass ich den stürmischen und trüben Tagen standgehalten habe.'

Auch im Herbst muss der Frühling in dir sein! ☺

Neues kann erst aufblühen, wenn wir den Mut haben, Altes los zu lassen.

Damit hat er mich ermutigt und mir wieder einmal bewusst gemacht, dass sich hinter jeder dunklen Wolke das Lächeln der Sonne verbirgt."

In diesem Moment hatten die beiden den Baum erreicht.

„Hallo mein Freund", grüßte Oups. „Wie geht es dir?
Ich habe Marc mitgebracht."

Dann legte er seine beiden Hände an den mächtigen Stamm des Baumes, blickte hoch zur Krone und schwieg für ein paar Minuten. Marc sah ihm dabei fasziniert zu. Obwohl er keine Worte hörte, konnte er spüren, dass sich Oups und der Baum tatsächlich unterhielten.
Nach einer Weile drehte sich Oups wieder zu ihm um.
„Es freut ihn, dass du mitgekommen bist. Er hat mir gesagt, dass du ein wundervoller Mensch bist. Das spürt er nämlich sofort … so wie ich."

Unser Herz spürt mehr,
als es Worte ausdrücken können.

Marc musterte den Baum respektvoll von unten bis oben. Leise und etwas verlegen flüsterte er ihm „Danke" zu.

„Mein Freund, der Baum, hat mir damals einen guten Rat gegeben, den ich gerne an dich weitergebe: ´Sammle mehr Sonnenstrahlen, so wie ich´, hat er mir geraten. ´Damit ich schwierige Zeiten besser überstehen kann, fange ich während der schönen Tage die wertvolle Energie der Sonnenstrahlen ein und speichere sie tief in meinem Stamm. Das könntest auch du tun´, empfahl er mir.

Ich hatte natürlich keine Ahnung, wie ich es anstellen sollte, Sonnenstrahlen einzufangen. Da hat er mir geraten über diesen Hügel dort drüben zu gehen. Dort würde ich lernen, wie man Sonnenstrahlen einfängt. Sonnenstrahlen für das Herz", erzählte Oups.

„Sonnenstrahlen für das Herz?", fragte Marc neugierig. So was könnte ich auch gut gebrauchen."

„Wer nicht?!", sagte Oups mit einem Lächeln. „Komm mit."

Wer die kleinen Glücksmomente schätzt,
sammelt Sonnenstrahlen
für die trüben Tage im Leben.

Oups legte wieder beide Hände an den Stamm des Baumes und verabschiedete sich: „Danke für alles. Ich komme bald wieder mein Freund."

Dann machten sich die beiden auf den Weg den Hügel hinauf, um die andere Seite zu erreichen. Noch bevor sie die Anhöhe erreichten, blickte sich Marc noch einmal zum Baum um, und fragte: „Oups, meinst du, dass er auch mit mir sprechen würde?"

„Natürlich", antwortete Oups. „Nimm dir einmal Zeit ganz allein herzukommen. Lehn dich an seinen Stamm, so dass du mit ihm in Kontakt bist. Sprich mit ihm, doch vor allem hör zu. Vielleicht dauert es eine Zeit. Denn so wie dich selbst, wirst du auch den Baum erst verstehen, wenn du innerlich ganz ruhig wirst."

Marc nickte, während er in Gedanken beschloss, bald zu diesem Baum zurückzukehren.

Auf der Reise in unser Inneres
können wir uns selbst kennenlernen.

Bald hatten sie den höchsten Punkt des Hügels erreicht und konnten auf der anderen Seite ins Tal blicken. Dabei verschlug es Marc vor Staunen fast die Sprache.

„Wow … ist das schön", schwärmte er vor Begeisterung über diesen Anblick. „Das ist ja, als würde die Sonne heute auch von unten scheinen."

Eingebettet in die zauberhafte, hügelige Landschaft, lag ein großes Sonnenblumenfeld. So prachtvoll, wie ein Meer aus gemalten Sonnen.

Marc hatte noch nie ein so großes, schönes Sonnenblumenfeld gesehen. Ganz besonders faszinierte ihn dieser wundervolle Blick von oben.

Langsam spazierten sie den Hügel hinunter. Je näher sie dem Feld kamen, umso größer und wunderbarer erschien ihnen jede einzelne Blume.

Oft scheint die Sonne dort,
 wo man sie nicht erwartet.

„Wunderschön!", schwärmte Marc erneut. Behutsam berührte er die leuchtenden Blüten, während Oups ihn dabei mit Freude beobachtete.

„Was glaubst du, warum Sonnenblumen so beeindruckend sind und warum sie diesen Namen tragen?", fragte er Marc.

„Weil sie leuchten wie die Sonne."

„Ja, genau", sagte Oups. „Und … weil sie sich den ganzen Tag der Sonne zuwenden. Das ist es, was mir mein Freund der Baum damit sagen wollte. Die Sonnenblume zeigt uns, wie wir Sonnenstrahlen für unser Herz einfangen können."

Marc drehte sich mit einem fragenden Blick um, worauf ihm Oups erzählte, was er von der Sonnenblume lernen durfte: „Wir können zwar nicht den ganzen Tag im Freien stehen und in die Sonne blicken, doch wir können unsere Gedanken immer und überall dem Licht zuwenden.

Mit jedem liebevollen Gedanken fangen wir einen Sonnenstrahl für unser Herz ein.

Mit jedem lichtvollen Gedanken fangen wir einen Sonnenstrahl für unser Herz. Je mehr Sonnenstrahlen wir in unserem Herzen tragen, um so sonniger wird unser Leben verlaufen. Wenn unsere Mitte mit Licht und Liebe gefüllt ist, wird es uns gelingen, auch an trüben Tagen Sonnenstrahlen auszusenden. Ja, es ist unsere eigene Lebenseinstellung,
die über unseren Stimmungszustand entscheidet.

Eine positive Einstellung bringt Sonne in unser Herz, eine negative verschließt es, ohne dass es uns richtig bewusst wird und blockiert damit unsere Lebensfreude.

Es lohnt sich, immer wieder aufs Neue zu prüfen, worauf unser Blick, unser Tun und unsere Gedanken fixiert sind.
Mach es wie die Sonnenblume. Du hast es selbst in der Hand.

Beobachte immer wieder, welches Umfeld du dir geschaffen hast – mit wem du dich wohl fühlst, mit wem nicht.
Fühl was dir gut tut – was du liest, welche Filme du dir ansiehst, welche Spiele du spielst …

Versuche zu vermeiden, dich ständig mit Horror-Meldungen durch Zeitung oder Nachrichtensendungen überschütten zu lassen. Spiel lustige Spiele und genieße humorvolle Filme, die Freude machen. Umgib dich Zuhause mit Dingen, die eine angenehme Atmosphäre schaffen und dazu beitragen, dass du dich wohl fühlst. Vor allem in jenen Räumen, wo du die meiste Zeit verbringst. Bilder sind ein gutes Beispiel. Ich liebe Bilder, die positive Energie versprühen. Bilder, die Fröhlichkeit in mein Zuhause bringen. Ich habe jedoch schon viele gesehen, die ich bei mir nicht aufhängen würde, weil sie zu bedrückend auf mein Gemüt wirken. Bevor ich mir ein Bild kaufe, versuche ich seine Schwingung zu erspüren."

Marc, der aufmerksam zugehört hatte, wurde nachdenklich. Nach einem Weilchen erwiderte er: „Das hört sich einfacher an als es ist. Das mit den Bildern verstehe ich ja. Aber man kann sich sein Umfeld nicht immer und überall aussuchen.
Was die Nachrichten betrifft: Man kann doch die Augen vor den Problemen dieser Welt nicht verschließen."

Ob wir das Schöne am Leben erkennen, ist eine Frage der Betrachtungsweise.

Oups nickte. „Nun, das stimmt. Vor Dingen und Situationen, die wir verbessern können, sollten wir unsere Augen nie verschließen. Doch alles Belastende, das du nicht beeinflussen kannst, solltest du nicht an dich heranlassen – vor allem nicht in dich *hineinlassen*.

Wirklich helfen kann man am Besten, wenn das Herz mit Liebe gefüllt ist. Denn wer die Liebe in sich trägt, gibt sie an andere weiter und macht damit die Welt ein bisschen heller. Wenn es jedoch im Herzen dunkel ist, wird es sehr schwer Freude zu verbreiten.

Und was dein Umfeld betrifft. Du kannst dir vielleicht nicht aussuchen, welche Menschen dir täglich begegnen. Doch du selbst entscheidest darüber, mit welcher Einstellung du auf jemanden zugehst. Wir am „Planet des Herzen" bemühen uns, immer das Beste in allen und allem zu sehen.

„Klingt eigentlich gar nicht so schwer. Ich werd´s versuchen", antwortete Marc, nachdem er kurz über die Worte von Oups nachgedacht hatte.

Nur wenn unser Herz mit Licht und Liebe gefüllt ist, können wir davon weitergeben.

„Du wirst sehen, dass es sich lohnt", sagte Oups. „So, und jetzt lass uns ein paar Sonnenstrahlen einfangen."
Er drehte sich um, schloss die Augen und hob sein Gesicht zur tief stehenden Sonne. Zugleich richtete er die Handflächen seiner ausgebreiteten Arme zur Sonne. Marc beobachtete ihn dabei ein Weilchen etwas verdutzt, bis Oups ihn erneut zum Mitmachen motivierte: „Komm, das tut wirklich gut!"

Gespannt machte es ihm Marc nach.

„Spürst du diese Energie?", fragte Oups. „Nimm sie auf in dir. Spür, wie deine Hände die Sonnenstrahlen aufnehmen und über die Arme in deine Körpermitte leiten. Fühl´, wie dein Gesicht die Wärme und das Licht der Sonne aufnimmt und nach unten leitet, tief in dein Inneres. Genieße es, wie auch deine Mitte sich langsam mit Licht und Wärme füllt."

Nachdem sie einige stille Minuten in dieser Stellung verweilt hatten, begann Marc zu schwärmen:
„Das ist wunderbar … ein wunderbares Gefühl. Ich spüre, wie sich Sonnenstrahlen in mir ausbreiten."

Fang die kleinen Freuden ein,
es sind die Samenkörner für dein Glück.

„Ja bis in dein Herz", sagte Oups. „Es sind wahrhaft Sonnenstrahlen für unser Herz. Wir haben die Augen geschlossen und doch fühlen wir Licht und Wärme in unserem Inneren."

„Oups … das tut wirklich gut. Der ganze Frust von heute vormittag ist plötzlich wie weggeschmolzen. Ich fühle mich wieder so richtig wohl", freute sich Marc und streckte die ausgebreiteten Arme noch höher zum Himmel.

„Sonnenstrahlen fangen … das werde ich ab jetzt öfters machen", sagte Marc, während er sich zu Oups drehte und die Augen wieder öffnete. „Und ich werde versuchen sie an andere weiterzugeben."

„Das wird ganz von allein passieren, wenn dein Herz mit Sonne gefüllt ist. Und glaub mir, ein sonniges Herz bewirkt noch viel mehr. Es wird zu einer wertvollen Energiequelle, die deine Gesundheit unterstützt.

Je mehr Licht jeder einzelne
 von uns in seinem Herzen trägt,
umso lichtvoller wird unsere Welt.

Eine Quelle, die Zufriedenheit und Lebensfreude erzeugt.
Sie wird dich stärken und gelassener machen … gegen das
Belastende in eurer Welt. Denn eines sollte dir immer bewusst
 sein. Wo Licht ist, da ist auch Schatten", sagte Oups, drehte
sich um und zeigte auf seinen eigenen Schatten.
„Vielleicht wird es hier auf Erden immer wieder Schatten-
seiten geben, die du nicht zu erhellen vermagst. Doch über
dein Inneres bestimmst du ganz allein. Da drin entscheidest
nur du selbst über Licht oder Schatten."

Die Worte von Oups stimmten Marc nachdenklich. Er ging ein
paar Schritte den Hügel hinauf, wo er sich dann bequem
in die Wiese setzte. In Gedanken versunken betrachtete er das
Sonnenblumenfeld. Oups folgte ihm und setzte sich dazu.

Nach wenigen Minuten des Schweigens seufzte Marc:
„Wie wundervoll wäre diese Welt, würden alle Menschen
sich dem Licht zuwenden, so wie die Sonnenblumen."

In unserem Inneren bestimmen
wir selbst über Licht oder Schatten.

Oups lächelte und legte den Arm um seinen lieben Freund. „Marc, du wirst dazu beitragen, dass sie immer wundervoller wird. Vor allem, wenn du wie die Sonne strahlst – so wie jetzt. Dann wird sich dein Licht ausbreiten – in deinem Umfeld – in deiner Welt. Und ich habe die Erfahrung gemacht, dass man mit einem sonnigen Herzen meist auch viele sonnige Menschen anzieht. Das wünsche ich auch dir."

Bis zum Abend blieben die beiden in der Wiese sitzen und bewunderten das zauberhafte Meer der Sonnenblumen, das durch den Wind wie sanfte Wellen hin und her gewiegt wurde. Bald neigte sich die Sonne am Horizont immer tiefer. Das Gezwitscher der Vögel wurde immer leiser, während sie einen faszinierenden Sonnenuntergang beobachten konnten. Der Himmel färbte sich rot, bis es langsam dunkler wurde.

„War das nicht wundervoll?", fragte Oups.

„Ja, schade, dass dieser Tag so schnell vorbeigegangen ist. Jetzt können wir keine Sonnenstrahlen mehr einfangen.

Ein sonniges Herz
zieht sonnige Menschen an.

„Oh doch", erwiderte Oups mit einem Lächeln. „Das geht auch wenn die Sonne nicht scheint. Glaub mir, es gibt noch viele andere Möglichkeiten Sonnenstrahlen für das Herz einzufangen."

Oups stand auf, reichte Marc die Hand, um ihn hochzuziehen. „Komm, ich erzähl dir davon auf dem Heimweg."

Ohne Eile machten sich die beiden auf den Weg nach Hause, begleitet vom Mond und unzähligen Sternen, die ihren Weg erhellten.

„Alles worüber sich dein Herz freut, ist wie ein Sonnenstrahl. Und natürlich all jenes, mit dem du das Herz anderer erfreust. Jeder liebevolle Gedanke, jedes liebevolle Wort, jedes Lächeln. Wer anderen Freude macht, macht seinem Herzen selbst eines der wundervollsten Geschenke, das es gibt. Und schon wieder hast du einen Sonnenstrahl gesammelt."

„Ja, richtig", stimmte Marc zu. „Ich habe immer so ein wundervolles Gefühl, wenn ich jemandem Freude machen konnte."

Wenn die Sonne in deinem Herzen scheint,
ist das Glück mit dir vereint.

„Es ist aber auch wichtig an sich selbst zu denken, sich selber immer wieder kleine Freuden zu gönnen", sagte Oups.
„Schenk auch dir so oft wie möglich ein Lächeln, im Spiegel oder einfach so. Ich mach es auch und sag dabei zu mir selbst: ´Oups, ich hab dich gerne … ich lieb dich so wie du bist.´ Weißt du, wenn wir uns selbst lieben, mit all unseren Stärken und Schwächen, können wir unsere Liebe besser weitergeben."

Bis sie am Haus von Marc angelangt waren, erzählte Oups von den vielen Möglichkeiten, Sonnenstrahlen einzufangen.

„Hör einfach in der Stille auf dein Herz. Es wird dir verraten, was es sich wirklich wünscht."

Marc lud Oups ein, noch mit ins Haus zu kommen. Während die beiden bei einer Tasse Tee noch gemütlich plauderten, fiel Marc vieles ein, was für ihn kleine Sonnenstrahlen sind, wie ein buntes Bild zu malen, mit seiner Katze zu kuscheln, spielende Kinder zu beobachten und viele andere liebe Sachen, die sein Herz fröhlich stimmen.

Du bist wie du bist
und es ist gut, wie du bist.

„Ja genau", lobte Oups seinen Freund, „alles, was du tust, um dich selbst fröhlich zu stimmen, ist ein Lichtstrahl für dein Herz. Nimm dir Zeit Spaß zu haben, denn das Leben ist ohnehin ernst genug. Und gönn´ dir genügend Zeit für Ruhe. Eure schöne Welt ist hektischer und lauter geworden. Umso wichtiger ist es, immer wieder die Stille zu suchen. Denn in der Stille kannst du dir selbst und Gott am besten begegnen … in der Natur, in einer Kirche, in deinem Zimmer … er ist überall dort, wo du dich für ihn öffnest."

Bis spät in die Nacht blieben die beiden sitzen, vertieft in ihr Gespräch, bis Oups so richtig müde wurde.

„Jetzt ist es aber wirklich Zeit für mich aufzubrechen", sagte Oups und bedankte sich für die liebevolle Gastfreundschaft. „Das war ein wunderschöner Tag mit dir."

„Ja, das war wirklich ein traumhafter Tag. Du hast mir heute die dunklen Wolken vertrieben … danke Oups!"

Freu dich darauf,
das Gute in dir zu entdecken.

„Das hast du ganz allein getan. Ich habe dir nur einen Weg dafür gezeigt", erwiderte Oups lächelnd und klopfte dabei seinem Freund auf die Schulter. „Schön, dass wir uns wieder gesehen haben."

„Ja," antwortete Marc. Ich freue mich schon jetzt auf deinen nächsten Besuch."

Oups überreichte seinem Freund eine kleine Schriftrolle. „Darauf befindet sich noch eine Möglichkeit, um Sonnenstrahlen zu fangen, wenn die Sonne nicht scheint.
Ihr Menschen nennt so etwas Meditation.

„Vielen Dank", freute sich Marc und umarmte Oups zum Abschied ganz fest.

An diesem Abend schlief er voll Freude ein. Ganz früh am nächsten Morgen öffnete er neugierig das Schriftstück, das ihm Oups geschenkt hatte.

„Eine Sonnenstrahlen-Meditation", begann er zu lesen …

Das große Glück formt sich
aus vielen kleinen Teilen.

Die Sonnenstrahlen-Meditation

Bring dich in bequeme Liege- oder Sitzposition und schließe die Augen. Versuche ganz ruhig zu werden. Manchmal kann dir dabei auch leise Entspannungsmusik helfen.

Nun stell dir vor, dass über dir am freien Himmel die Sonne scheint. Ihre Sonnenstrahlen treffen angenehm wärmend auf dein Gesicht. Streck nun die Arme zur Seite, die Handflächen nach oben gerichtet. Du spürst, wie die Sonnenstrahlen auf deine Handflächen und deine Arme treffen. Es ist lichtvolle Energie aus dem Universum, die zu fließen beginnt. Du spürst, wie sie durch deine Arme in den Körper fließt und sich in deinem Inneren ausbreitet. Du fühlst, wie deine Mitte immer heller, immer wärmer wird. Es ist als ob die Sonne selbst in dir erstrahlt und dabei alle dunklen Wolken in dir vertreibt. Dein Inneres wird zu reinem Licht. Du spürst, wie dein Körper durch das Licht gereinigt wird und sich mit diesem reinen Licht auflädt. Du fühlst dich wohl und rundum geborgen. In deinem Gesicht breitet sich ein Lächeln aus.

Du bist dankbar für diesen wundervollen Augenblick und verweilst in Ruhe, während sich dein Inneres weiter mit dieser WUNDERvollen Energie auflädt.

*Wenn du den Wunsch hast, deine Sonnenstrahlen an andere Menschen
weiter zu leiten, kannst du das nun in Gedanken tun.
Stell dir nacheinander jene Menschen vor, denen du Licht und liebevolle
Energie zukommen lassen möchtest. Menschen, die dir viel bedeuten,
aber vielleicht auch Menschen, mit denen du im Moment Schwierigkeiten
hast. Stell dir vor, wie die Sonnenstrahlen auch ihr Herz erwärmen und
sie in dieses WUNDERvolle Licht aus dem Universum eingehüllt werden.*

*Das Licht breitet sich in deinem Umfeld aus und trägt dazu bei,
die Welt ein bisschen heller und freundlicher zu machen.
Freu dich darüber.*

*Natürlich kannst du diese Mediation auch an sonnigen Tagen im Freien
machen. Wähle jedoch eine Zeit, in der die Sonne nicht brennend heiß
scheint, sondern angenehm wärmend. Du benötigst nicht viel Zeit, um dein
Inneres mit Licht und Sonne zu füllen.*

*Mir hat diese Meditation oft geholfen. Das wünsche ich auch dir und
allen Menschen, die deine Strahlen wärmen.*

Alles Liebe wünscht dir dein Freund Oups!

Am nächsten Tag spazierte Marc alleine zum Baum, lehnte sich an seinen Stamm und versuchte mit ihm zu sprechen. Er hörte zwar keine Stimme, und doch war es, als hätte ihm der Baum zugeflüstert: „Es ist unsere Lebensaufgabe zu wachsen und dabei näher zum Licht zu gelangen. Das braucht jedoch Geduld."

Und so kam Marc immer wieder zum Baum.

Eines Tages kam er nicht mehr allein. Er hatte ein Mädchen an seiner Seite, das mit ihm Hand in Hand gekommen war.

Marc grüßte den Baum und stellte ihm seine Freundin vor: „Oups hatte recht. Ein mit Sonne gefülltes Herz, zieht wundervolle Menschen an. Darf ich vorstellen: das ist Nora."

Danach legte er beide Arme um seine Freundin, küsste sie zärtlich und sagte zu ihr: „Das ist mein Freund der Baum, von dem ich dir so viel erzählt habe."

Da freute sich der Baum, unter dem die beiden von da an viele wundervolle Stunden verbrachten …

Es ist unsere Lebensaufgabe zu wachsen,
um näher zum Licht zu gelangen.

ILLUSTRATIONEN

Conny Wolf

„In dem man sich selbst ein Licht ist, ist man ein Licht für alle anderen." Dieser Satz des Philosophen und Lehrers Krishnamurti bedeutet für mich auch „Bin ich glücklich, dann bin ich auch ein Glück für alle anderen".
Und sind da nicht so viele Momente, Ereignisse und Tätigkeiten im täglichen Leben, die ein kleines oder größeres Glück bedeuten können? ... sofern wir uns dessen bewusst sind.

Mögen sie täglich viele Sonnenstrahlen erreichen, die sie und alle in ihrer Nähe zum Strahlen bringen

TEXTE / SPRÜCHE

Kurt Hörtenhuber

Wir entscheiden in jedem Augenblick selbst, ob wir das Gute in Dingen, Menschen und Situationen erkennen wollen oder unseren Fokus auf das Negative richten. Wer das Leben mit dem Herzen betrachtet, kann in allem Gutes entdecken, erkennt die Chancen und öffnet damit dem Glück die Tür.
In diesem Sinne wünsche ich Ihnen viel Freude beim Sonnenstrahlen sammeln.

Viele weitere Bücher, die ein Lächeln auf die Lippen zaubern …

Kennen Sie die herzerwärmende Buchserie „Oups"
Österr. Bestseller, ausgezeichnet mit dem Platin Buch
Übersetzt in 18 Sprachen

Mehr von den Clowns finden Sie
auf der Verlagswebsite: www.oups.com

Das gesamte Verlags-Programm mit
Lese- und Hörproben finden Sie unter:
www.oups.com

Auch für Kinder gibt
es ein liebenswertes Sortiment.